아직 살 만한 세상

아직 살 만한 세상

초판 1쇄 발행 | 2022년 9월 5일
지 은 이 | 장애란
펴 낸 곳 | 모바일북
책임편집 | 장석영
디자인 | 김유진
전　화 | 070-4685-5799
팩　스 | 0303-0949-5799
출판등록 | 제2013-000156호
ISBN | 979-11-974708-3-7 (03810)

♦ 책값은 뒤표지에 있습니다.
♦ 파본은 구입한 서점에서 교환해 드립니다.

아직 살 만한 세상

장애란 ● 제2시집

모바일북

· 추천사 ·

자연과의 공생에서
이루는 기쁨

전대선(수필가)

　장애란 작가의 두 번째 시집 《아직 살 만한 세상》이 출간되었다. 그의 작품에는 가족 사랑과 자연에 대한 사랑이 정겹게, 때로는 가슴 시리게 다가온다. 고단한 일상에도 밥상에 둘러앉은 가족의 모습에서 마음이 따뜻해진다. 사랑이 흘러넘치는 부부의 모습은 고요한 아름다움을 느끼기에 충분하다. 앙상한 나무에서 잎눈이 올라오고 꽃망울을 터뜨리는 일련의 과정을 생명 탄생과 과정의 신비로움으로 잘 표현했다.
　그의 작품을 읽고 있으면 숲속에 있는 듯, 넓은 바다를 보고 있는 듯, 따뜻한 햇볕 아래 있는 듯, 나무 그늘에 있는 듯이 고요와 평안함을 느낀다. 고향을 이루는 집터의 민들레꽃과 정겨운 이웃사촌, 작은 풀꽃마저도 아련한 향수와 정겨움이 묻어난다. 땀으로 젖은 옷과 흙발에서 농부의 고단함이 있으나 자연은 정성을 들인 만큼 정직한 결실을 준다는 교훈을 얻는다.

우리는 지금 100세 시대에 살고 있다. 장애란 시인의 삶이 앞으로는 그간 꿈꿔왔던 일로 가득 채워지면 좋겠다. 새날에는 지금까지의 근심과 걱정을 훌훌 털어버리고 희망이 가득하면 좋겠다. 성취는 늘 희망적인 꿈을 꾸는 자에게 나타날 수 있는 까닭이다. 오래도록 온유하게, 건강한 나날이 펼쳐지길 바란다.

· 시인의 말 ·

삶에서 문학을 발견하다

 인생 칠십 중반, 현실 안에 머무는 나는 누구이며, 현실 밖에서 서성이는 나는 누구인지 알고 싶었습니다. 그러던 어느 날, 세월 강에 내린 수많은 삶의 이야기 속에서 어렴풋이 문학을 발견했으며 나의 정체성을 알아가기 시작했습니다. 이제 문학은 나의 이야기를, 나의 신앙을 진실하게 고백할 수 있는 멋진 공간이 되었습니다.

 두 번째 시집,《아직 살 만한 세상》을 출간합니다. 늦깎이 시인으로 부족한 점이 많지만 전적으로 믿고 응원해 주는 사람들이 있어서 용기와 힘을 얻었습니다. 세상살이의 진리는 평범한 일상에서 찾을 수 있음을 알고 사소한 일에 관심을 갖고 우울한 마음, 어두운 마음을 잘 다스려 행복의 의미를 부여하고 싶습니다. 내 앞에 남아있는 인생에 최선을 다하겠다는 삶의 단추를 누르고 싶습니다. 나의 지난 이야기를 인생에 공감하는 언어로 형상화하여 독자에게 전하고 싶습니다.

   장석영 교수님의 순수문학 정신을 이어받아 전해 보려는 마음 오래도록 간직하겠습니다. 한 울타리 안에서 같은 생각을 다르게, 다른 표현을 같은 생각으로 모아가는 〈이야기가 있는 문학풍경〉 회원께 고마운 마음 올립니다.
   시집을 내기까지 물심양면으로 격려하여 주신 여러분께 진심으로 감사드립니다. 사랑하는 가족 모두에게 고마움을 전합니다.

진접에서 별빛 밝은 날
장애란

· 차례 ·

추천사 · 4
시인의 말 · 6

제1부 : 황혼 여정

그리움 · 12 | 기다림 · 13 | 불면의 밤 · 15 | 삶 1 · 16 | 삶 2 · 18 | 성장통 · 19 | 아직 살 만한 세상 · 20 | 월동 대비 · 22 | 의식의 성찰 · 24 | 장날 · 26 | 진보의 세월에 · 28 | 하루를 보내며 · 29 | 황혼 여정 · 31 | 황혼 · 32 | 황혼녘 · 33 | 회억 · 34 | 2월 · 35 | 7월 · 36

제2부 : 가을의 하루

가을 · 38 | 가을의 하루 · 39 | 겨울 · 40 | 겨울비 · 42 | 결실 · 44 | 경칩 · 46 | 동지 · 48 | 봄 · 49 | 봄 노래 · 50 | 봄비 1 · 51 | 봄비 2 · 52 | 삼복 · 54 | 삼월 · 56 | 유월의 아량 · 58 | 초복 · 60 | 춘분 · 62

제3부: 사랑의 꽃말

꿈꾸던 제주 바다 • 64 | 너와 나 • 66 | 눈 내리면 • 68 | 단풍 • 69 | 동행 • 70 | 망향 • 72 | 몽돌 • 73 | 봉선화 • 75 | 사랑의 꽃말 • 77 | 산나물 이야기 • 79 | 살다 보니 • 81 | 성산 바다 • 82 | 여행지 • 84 | 열대야의 밤 • 85 | 올여름 • 87 | 왕숙천 • 89 | 일렁이는 봄 • 91 | 장마 • 92 | 초봄 • 94 | 향수 • 95

제4부: 젊은 엄마

가족 사랑 • 98 | 기적 • 100 | 노부부 • 101 | 모성애 • 103 | 백년 해로 • 105 | 봄소풍 • 106 | 부부 1 • 107 | 부부 2 • 109 | 성묘 • 110 | 어머니 • 112 | 오리 모자 • 114 | 오해 • 115 | 올 설 • 117 | 이사 • 119 | 저녁상 • 121 | 젊은 엄마 • 123 | 효성 • 124

제5부 : 풀꽃

겨울의 기약 • 126 | 긴 장마 • 128 | 농부 • 130 | 농부는 • 131 | 밭갈이 • 133 | 배추 • 134 | 봄나물 • 136 | 시골 동네 • 138 | 시월의 텃밭 • 140 | 아침 • 142 | 안식년 • 143 | 유월의 가뭄 • 145 | 촌부 • 147 | 추억 • 148 | 텃밭 • 150 | 풀꽃 • 152 | 하지 감자 • 153

제6부 : 초동친구

갑장 친구 • 156 | 개펄 • 158 | 거미 • 160 | 고향 마을 • 161 | 나그네 • 163 | 놀이터 • 165 | 새해 • 167 | 속풀이 • 168 | 시인 • 169 | 여파 • 170 | 인연 1 • 172 | 인연 2 • 173 | 초동 친구 • 175

작품 해설 • 177

제1부

황혼 여정

그리움

해변 맑은 물에
살며시 손 담그니
잠자던 샛바람
볼웃음으로 다가온다

저 멀리 수평선에
희미하게 올라왔다 사라지는
아지랑이 같은 번뇌

갈매기는 아는가
실오리에 매달려
줄을 타는
가깝고도 먼 날의 이야기를

기다림

거센 물보라
하얀 거품 토악질 할 때
속살 드러내는 몽돌

해변엔
축제의 잔치
서서히 막이 내리고

바닷가에 누워
귀 열어보지만
외려 마음은 돌이 되는데

밤이슬 맞으며
가뭇해진 눈동자
억겁의 세월에 고개 숙인다

기다림은
열린 마음의 피안

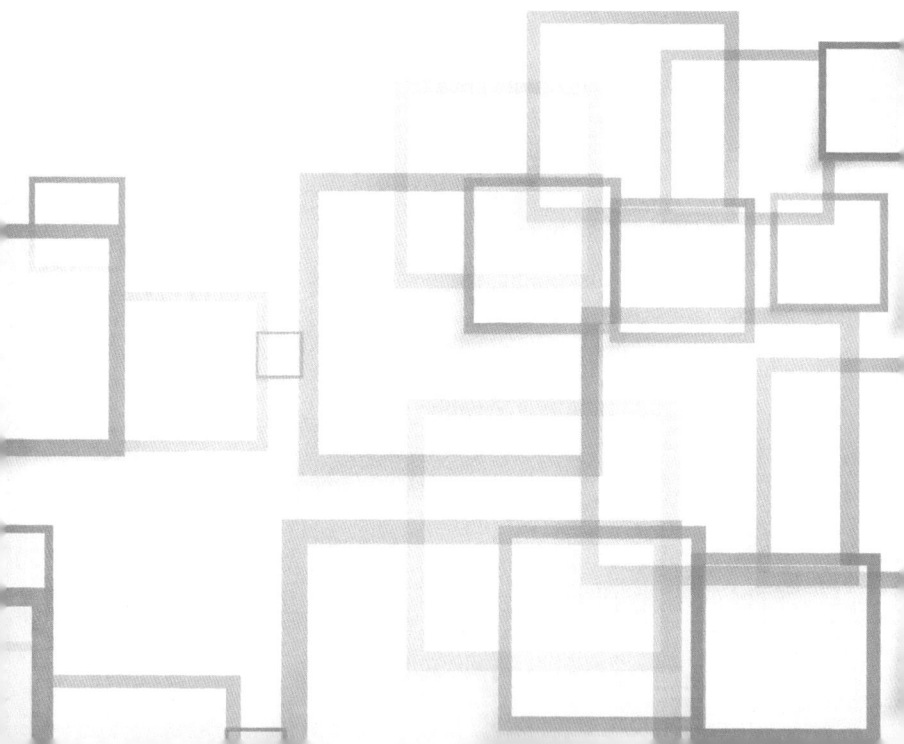

불면의 밤

자정이 넘으니
불안은 불면을 안고
춤을 추며 다가온다

마음은
대낮에 점등된 가로등
육체는
불꽃 튀는 가시나무

진실은 부서지고
시간은 무게를 더하고
어느새 날이 밝았다

삶 1

말간 웃음으로
세상을 바라보던 아카시아
갑자기 내리는 비에
꿈을 잃고
웃음도 멎었다

열매 떨군 벗나무
지친 몸 쉬어나 볼까
나뭇잎 바람 부채 만들어
세상을 흔들어댄다

피고 지고
가고 오고
자연이 그러하듯
인생도 그러하지

시련의 날에는

아픔을 아우르며

위로를 찾고

행복의 날에는

감사 노래 부르며

삶 2

상처와 고통
운명처럼 따라다녔지만
때로는 깨달음의 시간이기도 했지

가슴에 난 상처는
삶의 희망을 이어가는
동력이 되었고

가슴앓이 고통은
꿈을 향한
부단한 도전이기도 했지

만물의 영장에게
희로애락의 꽃은
피고 지고

성장통

위층에서 꼬마가 뛰어 다니다가,
의자를 끌다, 괴성을 지른다

신경질 촉수 올라
수화기를 들다 놓친다

따사로운 햇살 거실에 자리를 펴니
동요 같은 소음 심호흡에 마음 평온하다

비가 내렸지만 해갈은 아직

아이야 성인 되어
더불어 사는 세상에선
상생의 지킴이 되렴

아직 살 만한 세상

아침 산책하러 나가기 위해
엘리베이터를 탔다

초등학교 여자아이
엄마 손 놓고 배꼽 인사를 한다
엘리베이터 안은
웃음꽃이 활짝 피었다

동네 한 바퀴 돌아
비좁은 길로 들어섰다
중학생 예닐곱
안녕하세요
조심하세요
저음의 가슴 데우는 고마움

아! 사람이 꽃보다 아름다워
가슴엔 해가 중천
저 멀리 종탑 위의 십자가
성당을 향해 걷는 종종걸음

월동 대비

달포 만에 내리는 비
겨울을 몰고 왔나

잠들어 있는 생명
헛간에 모아
거적 뒤집어씌우고
이름표를 달아둔다

어린 시절
화롯가에 앉아
재잘대던 자매 생각난다

솜이불 속에
얽힌 무 다리
온기 속 황홀한 향기

내일을 기다리다
설핏 잠이 든다

잠에서 깨어나
인생살이 밭을 갈고
가슴앓이 몇 번 만에
인생 후반이라

지나온 길 아득하지만
남아 있는 길
기쁜 행복 기대해 본다

의식의 성찰

오랜만의 모임에서
쓴맛 삼킨 기분은
잡담을, 허언을,
단근질한다

지하철 입구에 서니
겨울비가 추적이고
기억의 수치심이
나보다 먼저 탑승한다

매 눈 닮은 젊은이의 기세
내밀던 전단지들
무의식의 행동이
젊음을 포기한 듯

보도에 깔린 광기와
빗줄기는 광풍에 휘몰아치는데

어디선가
의식의 메아리 들려오는 듯하다

장날

중천의 해가
아파트 유리문을 뚫는다

오일장 서는 날인데
산나물이나 사볼까?

좌판 벌린 노파의
작은 바구니에서
시골집 향수가 밀려온다

흥정 끝낸 산속 먹거리

돈을 머리에 올리고
개시했다고 흔들어대는 몸짓은
뉘에게 고하는 건지

노파의 모습을 보며
한 아름 안겨 오는
가슴 찡한 인생 이야기

진보의 세월에

노인정에 갔더니
아래 위 훑어보다가
꽃띠라며 흥타령 한번 불러 보란다

백수 어르신 성화에
동요를 불렀더니
흥을 깬다며 타박을 놓는다

나이는 숫자일 뿐
회춘하신 할머니 할아버지 앞에서

75세 청춘은
새댁이 된 기분에
수줍은 미소 얼굴에 가득 머문다

하루를 보내며

농번기
고단한 하루가
노을에 젖으면
저녁 밥상
앞에 두고

오늘 하루도
무탈하게 복을 주신
그분께
합장하고 무릎 꿇어
감사기도 올린다

시간의 강물 위로
까만 구름 내리고
감은 눈 저편으로

무지개 떠오르면

일상을 설거지하듯
닦고 훔치고,
조각보 같은
내일의 계획
한 땀 한 땀 수를 놓는다

황혼 여정

어촌 외딴집
빨래 걸이에
말라가는 물고기

바다가 그리워
눈은 사시가 되고

바다가 그리워
겨울 바다에 선 노년

먹구름 장에 커가는
외로운 마음

일몰 바다에 떠 있는 무인도

황혼

드넓은 바다
어룽지는 시야

수평선에 아른대는
젊은 날의 환영
그리움으로 살포시 안아보면

일몰에 붉어진 노년
맨발로 모래사장을 달린다

황혼녘

상쾌한 아침
왕숙천에 나갔다

가녘엔 초록 풀이
제 모습에 넋을 잃고

맑은 시냇물엔 물구나무선 풍경이
물 그림을 그리고

벚나무는
은물결 위로 꽃잎을 뿌려대며
조잘거린다

촉촉한 눈길 노년의 마음에
동심은 남아있던가

회억

가을 들길 거닐다
노란 들국화 향기에
그리움 한소끔 피어난다

보고픈 얼굴
두 눈 크게 뜨고 올려보아도
아지랑이만 맴맴

바람 따라 뒹구는 낙엽
이리저리 구르는 회억
수수 알처럼 붉게 여물어간다

물과 풀과 바람이 어우러진
가을 들녘엔
고추잠자리 빈 하늘을 난다

2월

백설 공주와 일곱 난쟁이
동화 나라에 빠진 동심
황금으로 치장된 신기루에 빠져들다가

불현듯 한 겹 한 겹 벗는 겨울옷을
조심스레 받아든다

春景을 기다리는 마음
여기저기서 꿈틀댄다

변덕쟁이 날씨에도 새로 나온 어린순
조바심치는 산파의 기도

무탈 축원을 빈다
희망의 샘 출렁인다

7월

땡볕에 달궈진 대지 위로
한줄기 소나비 스쳐 지나면
산천초목 숨 고르는 소리
또록또록 또르르

여기저기서 들려오는 여름 합창곡
피조물의 기립 박수
천둥도 화음을 맞춘다

오곡은 따가운 땡볕을 마시고
백과는 온갖 豐味를 마시고
바람 저편에서 들려오는
미래가 익어가는 소리

7월의 소리

제2부

가을의 하루

가을

수마가 할퀴고 간 자리엔
온갖 상처가 남아
깊은 한숨 절로 나오는데

말복은 한증막 이용권 쥐어 주며
수마의 한기 녹이라 한다

속절없이 찾아온 복더위
가슴앓이 두 배로 쌓여간다

그래도 일상은 결실의 날을 설계하며
자판기 커피 뽑아 삶을 음미 한다

가을은 농부의 땀방울 닦아주고
희망의 꿈길 열어 주겠지

가을의 하루

노모의 부드러운 눈빛 같은
가을 햇살이 내리면

農婦는
가을걷이로 통장작 몸이 되지만
따스함이 온몸으로 녹아듭니다

농장에서 채소 한 단 손에 들고
저녁놀 걸터앉아 사색에 잠기면

農婦는
주름 밭에 웃음꽃 만발합니다

짧은 고통의 끝자락
긴 행복의 시작

겨울

점심엔 수제비 끓여야지
펼친 신문 손에 쥐고
텃밭으로 갔다

서릿발 친 흙살
동태 된 파
두메부추는 씨앗을 머리에 이고 있다

초록 잎, 붙박이 얼음꽃에
메마른 감성
촉촉이 젖어 들어갈 때

호기심 많은 눈동자
이리저리 굴리다가
신문 기사에 눈길이 머문다

세상 이야기 활자에
시무룩해진다

여린 듯 슬픈 듯
야속하게 깊어가는 겨울

겨울비

천둥 먹구름 사이로
한 무리 소나기
대지를 휘젓고 지나간다

얼음장 위에 핀 하얀 꽃
와글와글 소란에
속절없이 눈물만 흘린다

서러운 눈물 개울로 뛰어들어
흐르는 물줄기와 한 몸 되어
흔적도 없이 사라진다

개천가 널브러진 갈잎
슬픔 달래주듯
나긋한 몸짓과 눈길이 모아진다

진혼 노래 목청 돋우며

지쳐가는 겨울비

먹장구름에 갈길 하소연

결실

창밖의 밤나무
계절 앓이로
고통의 긴 시간 지새우다
시나브로 가슴에 옹이가 생겼다

땅끝까지
고개 숙인 벼 이삭
소슬바람에
마음을 씻는다

고단한 농부의 삶
모진 풍상에
신음 한 말
한숨 열 말
저녁 하늘 붉게 물든다

상처로 얼룩진 가슴앓이

밤이 익으면

벼가 익으면

슬픈 행복도 웃음 반겨 주겠지

경칩

다문 입 열고
서로 힘찬 인사
잘 살아 있었구나

대지의 품속에서
견딘 조바심
참 대견하구나

이제 꽃피는 춘삼월
어쩔래

꽃 燈이 지천인 세상
모두 답례할 찬란한 웃음
환장 허것네

경칩 열린 입으로

감사 노래 불러 줄

복 짓는 자연

동지

깊어가는 엄동설한
밤참이 그리우면

애동지 팥 시루떡
쪄먹던 풍습

어머니의 부엌엔
김이 모락모락 피어올랐는데

이제는 지나간 추억
꿈은 까맣게 지워지고

아련한 기억만이
동짓날을 토닥인다

봄

입춘 즈음
들에 나섰더니
칼바람 여전히 옷깃을 파고든다

삭신은 바람에 울고
마음은 추억에 울고

텃밭 헤집던 참새 떼
남쪽에는 봄이 왔다며
조잘조잘 포르르 부산하다

따뜻한 양지 녘에
호미 내리고 먼 산 바라보니
봄바람이 살랑 불어와
가슴을 데운다

봄 노래

개울에
조약돌 던지는 아이

봄이 놀라
대지의 화폭에
연둣빛 물감 칠하면

상큼하고 발랄한 소녀
까르르 웃음에
봄의 화음 머문다

봄비 1

활짝 문을 연 오월

봄비는 밤새
떡갈나무를 적시고
아기 발바닥 잎사귀에
농번기 종을 달았다

먼 산 너머 종지기
봄비 소리에
화들짝 깨어나 종을 친다
뻐꾹~ 뻐꾹~

대지는 싱그런 오월에
부푼 초록 꿈 달고
봄비에 반가운 인사 잇는다

봄비 2

대지는 갈증을 풀고
마른나무에 핀 새순은
긴 항해 닻을 올린다

여기저기에서 불어오는
환영의 바람
어떤 이는
벌거벗은 채로
어떤 이는
찢어진 銀紙 사이로

흙살 밀치고
들려오는
순호하고 부드러운 노래

생명의 메아리
눈물샘 깊은 곳에서 피어오른다

삼복

초복에
불볕더위 내리면
오체투지로 순례 기도 이어가고

중복에
땡볕 아지랑이 피면
은둔자의 정자에 몸을 숨기고

말복에
한증막 더위 기승부리면
여름은 어느새 저만치

삼복더위 견딘
인내의 성지에
여름은 가을을 입성시켜

풍요로운 결실
추수 감사 올리리

삼월

껍질에 갇힌 생명
스며드는 햇살에
기지개를 켠다

이제는 마침표 찍고
태초의 뜻에 따라 살아야지

가랑비 나들이에
썰물처럼 빠져나간
겨울 자리 위로
봄을 비빈다

아직도 빈 가지엔
섧게 우는 소리

그래도

삼월은 순풍에 돛을 달고

밀려온다

유월의 아량

비 몰아오던 동풍

종다리 소리에
한눈팔다
기세 잃고
반짝 햇살에
꽁지를 빼다

청 보리 얼굴 붉히며
수줍음 짓는다

村婦 머릿속엔
어느새
보릿자루 한가득
가을 생각에 가슴이 부푼다

활기찬 유월

허허로운 매듭 풀리고

들판 가득 생명이 이어진다

초복

대지에 불이 붙었다

열기에 고개 숙인 풀과 나무
한 뼘이라도
가까이, 조금 더
개울물을 향한 몸부림이 애처롭다

화염을 피해 밖으로 나선 아이들
물장구에, 자맥질로
급한 불을 끈다

어둠이 내리면
여기저기에서 찾아오는 불청객
아버지 지고 온 쑥 다발
마당 가운데 세워놓고

풀 위에 불을 당기면
날 벌레 흠칫 놀라
눈물 쏟으며 돌아섰지

평상 위에 펼쳐진
여름 과일
도란도란 하루 이야기
말하지 않는 말
사랑이 숨결 따라 터져 나오면
초복은 어느새 저만치 달아나 있다

춘분

밤과 낮의 길이 같아지면
텃밭에 생명의 숨소리가 가득하다

무수히 피어나는
연둣빛 그리움
산천초목을 향해
커다란 눈 깜박이면

어디서 다가왔는지
생강나무 꽃, 진한 향기
해맑은 미소로
農婦의 마음을 자극한다

나는 어느새
영혼의 고독으로 숨을 쉰다

제3부

사랑의 꽃말

꿈꾸던 제주 바다

부신 햇살 가리며
지나는 겨울비

튀어 오르는 물방울 따라
먼 하늘로 비상하는 환영
이끼 낀 걱정일랑
먼 곳으로 던져버린다

섭지코지에서 바라보는
제주 앞바다

시작과 끝
끝과 시작이 만나는 곳
긴 세월 푸른 인연에
애모의 노래 절로 흥얼거린다

활화산 자연 유산
신비의 곶자왈 만들어
역사와 밀회하리

너와 나

섭지코지 바다에
용암 굳어져
선돌 바위 되었네

긴 세월 외로움은
이끼 많은 검버섯 키우고

격한 파도는
고향 찾은 옛 동무 맞이하듯
얼싸안는다

우뚝 솟은 바위
검푸른 물살에 외로움 떨구고
그리움의 파편을 바다에 띄우면

석양 노을에

바다는 낭만을 노래하며

춤을 춘다

눈 내리면

함박눈 내리면
삼삼오오 비료 포대 끌고
산에 올랐지

눈길에 뒹굴면
세상은 요지경
피가 진 멍울마다
추억의 밀알이 쌓였다

세월 따라
감성이 현실에 묻혀갈 즈음
다시 소환되는 동심

깨진 운명 끌어안고
세월은 잘도 흐른다

단풍

무서리에
신열 앓더니

늦깎이 정열에
불붙은 산야

황금빛 은행잎
석양에
노을 되고
바람 한소끔 끓어오르면

오색 먼 길 미소 지으며
자연으로 돌아간다

동행

처마 끝 고드름
겨울 햇볕에
눈물 흘리면

금이 간 마음
무료한 시간 달래려
집을 나선다

무논 까칠한 그루터기
까무러진 연초록 잎
들판에서
겨울과 기 싸움하다
날 세운 겨울에
매만지던 손 시려오면
소매 끝 뽑아 올려

원색의 통증을 고발한다

햇살 뒹구는
돌담에 기대어
깜박 졸음 짓던 그이

꿈꾸는 소망
겨울바람에 천둥 내려
겸연쩍게 눈웃음 찡긋

망향

애월 고내리 동네
바람에 정신 잃고
파도는 물거품 물고
방파제에 철썩인다

빨간 우체통 닮은 등대
밤이면 붉은 눈 번뜩이고
해안가 넘보던 바람
성큼 발 올려 팔려 온 야자수
앙상한 마음을 찢는다

남쪽 나라 그리다
먹구름 뚫은 햇살 한 줌에
고향 소식 들으려
부채질 접는다

몽돌

밤이슬 맞으며
억천만겁
쌓은 인연
거센 물보라에
닦고 닦이고

축제의 향연
막 내리며
썰물 타고
빠져나간 인파

해안에 누워
귀를 열어 본다

한살이 동안
씻기고 씻겨

몸속에 만들어진 돌
풍악을 울린다

내 몸 안에도
몽돌이 있었다

봉선화

장독대에 오르다
봉선화 씨방을 건드렸다

톡 터지며
내지르는 한 마디

꿈을 보았네
세상을 보았네

붉은빛 꽃잎에 숨은
한 때의 영광은

손녀의 손톱에서
희망을 노래하고

촌 아낙
마른 가슴에
장작불 피워 올렸지

초가을 쓸쓸한 저녁
간장 바라기 놓친 채
꽃씨 한 알에
취기가 오르는구나

사랑의 꽃말

가지마다
노랑 모자 눌러 쓴
수줍은 미소

봄바람 피는 계절에
앞바람 불어올까
풀잎은 조심스레 울타리 두른다

아지랑이 피었다 사라지는
백치미 사랑

밤이슬 맞으며
불면으로
사랑을 고백하던
지극한 사랑의 꽃말

그대 이름은
애기똥풀

산나물 이야기

문명의 이기에도
산간 마을엔
지금쯤
산나물이 넘쳐나겠지

종다래끼 허리춤에 묶고
산을 누비면
빈곤한 살림
웃음으로 채워지던 시간

아낙들의 이야기는
경기민요 가락으로 흥이 오르고
하산 길엔
보따리 이고 오일장에 갔었지

창밖을 보니
봄볕은 바람과 추억을 흔든다

눈 속에 눈물이 그렁거린다

살다 보니

제주 섭지코지의
풍광명미

눈에, 가슴에 심다가
벅차오르는 마음

어제의 아픔은
하얗게 지워지고

황혼의 빛 그림자
제주 바다를 붉게 물들인다

성산 바다

성산포 앞 바다
붉은 태양 바다에 떨어지면
묵은 시름 사라지고
달빛만 고요히 숨을 쉰다

집 나간 지 여러 날
만선의 갈치잡이 어부
개선 희망가 부르며
환하게 짓는 웃음 속에
설움과 원망은 바다 끝에 두고 왔나

해묵은 사슬 끊어지는 소리
밤새운 등대가 소리를 낸다
성산 바다는
해탈의 웃음으로 다시 태어난다

바다가 시뻘건 일출 들어 올리면
오늘도 온몸 추스르는 등대

여행지

성산읍 온평리 모래밭에
조가비가 보석처럼
나그네 마음을 훔치네요

허리 굽혀 조가비 줍다
눈길 돌리니 눈으로 들어온
성산 일출봉의 황홀한 풍광에
가슴이 활화산처럼 타오르고

자연의 경이로운 신비에
겸허해진 고요한 마음
평화가 깃드네요

열대야의 밤

콩밭 매던 개똥이 엄마
산골짜기 향해 구슬땀 닦으며
친정엄마 바람 오셨다며 외쳤다

그 바람 그립다

광목 치마 걸친 울 엄마
함지박 보리쌀 문지르며
산신 바람 오셨다며 외쳤다

그 바람 그립다

아파트 창문으로 쏟아지는
삼복더위
개똥이 엄마, 울 엄마가

외치던 바람은 어디에

자정이 지나면 찾아올까
새벽이 되면 찾아올까
섬돌 아래 귀뚜리 울음
언제나 찾아올까

올여름

윤습한 바람 불어오면
마음도 따라 젖는다

산허리 감도는 운무는
신비로운 수묵화

원초적 행복에
마음 홀린다

허허로운 마음이
자연 앞에서 허세를 벗는다

비운 마음에
채워지는 충만

비움과 채움의
정화된 풍경 속에서

내 마음은 어느새
푸르른 숲을 닮아가고 있다

왕숙천

개울가 겨울나무
맑은 햇살 피어오르면
물속 제 모습 바라보며
회상에 잠기듯
끄덕끄덕

소리 죽은 겨울 강엔
고층 아파트
물구나무서서
숨을 죽인다

여울목 지난 잔물결 위론
오리 떼 짝지어 노닐고
내리쏘는 해오라기
물수제비 둥둥둥

명상에 잠긴
갈대숲 왜가리

생명의 요람
왕숙천엔
오늘도
은밀한 행복 가졌어라

일렁이는 봄

변덕스런 봄 날
외로운 마음
그리움 길어 올리는데

꽃눈은 몽글몽글
사랑으로 진화한다

비밀스레 지나는 시간을 밟고 서서
따스한 햇살 받으며 콧노래 부를 때
감성이 일렁인다

촉촉이 스며드는
는개비 껴안고
세상을 뒹굴다 엎드리다

장마

삼복더위에
손님으로 찾아왔을 땐
그리도 반갑고 고마워서
온몸으로 환영했습니다

점차 굵어지는 빗줄기
대지엔 헤아릴 수 없는
물기둥이 솟아오르고
천둥 벼락 맞은 세상은
여기저기에서 비명을 질러댑니다

내팽개쳐진 야만의 땅
흘러내린 토사는
생명의 목을 조르고
작은 희망마저 묻어버립니다

이제나 하고 눈을 떠 보면
역시나 하고 이어지는 나날
기상 관측 이후 최장 기간이라는
뉴스 예보에
아연할 수밖에 없음은
어찌 나만의 일이겠습니까

인간의 힘만으로는
결코 극복할 수 없는 하늘의 과제
우리의 잘못을 거듭 회개하고
내일을 바르게 살기 위해
하느님께 평화를 구합니다

초봄

햇살 한 줌
대지를 비추니
여린 새싹 붉어진 볼

얼음 조각 베어 문 바람에
고통의 신음

묵은 잎 모아 덮어주니
해님 바람 품고

이웃 정 조용히 감싼
자연의 품격

향수

꿈 날개 달고
객지에 일상 꾸리니
희미한 불빛 속에 잠자던 가로등
그리움에 찬바람이 서럽다

자꾸만 부딪치는 자아
밀려갔다 밀려오는
공허의 시계추
애수 실은 밤바다
사색을 되새김질한다

바람 돌 여자
곶자왈 자연의 어울림
친구야 들려줄게
손전화기 타고

아침 커피 달콤함도 소태다

이제는 와라

가슴에 추적이는 눈물비

제4부

젊은 엄마

가족 사랑

청소기 돌리자
화들짝 놀란 먼지
금빛 햇살 타고
창문 밖으로 달아난다

봄놀이 나갔던 쌍둥이 자매
장다리꽃에 앉아 있던
노랑나비 날개 춤사위에
흠뻑 빠지다

이름 모를 들꽃이
양지꽃 봄바람에 춤을 추고
초록이 열린 세상으로 얼굴을 내민다

오감 만족

화전 요리엔

진달래 분홍 웃음이

계절의 문을 열고

봄 마당으로 성큼 내려앉는다

봄 들에 피어나는

파랑 가족의 정겨운 모습

사랑으로 다시 피어난다

봄 들에서 파랑 꿈꾸는 가족

기적

감사 기도로
하루의 빗장을 열었다

허기진 생활고
진땀 흘리며
하늘 보고 웃는다

석양이 깔리는
묵정밭 같았던 하루

그래도
몸 비비는 가족 사랑에

온기는 삶의 기적을 헤아린다

노부부

용달 마친 그이
누룽지가 생각나는지
불쑥 한마디 던지고는
소파에 묻힌다

바삐 밥 짓고
무 뽑아 국 끓이고
새콤달콤 짭짤한 맛으로
겉절이 한 사발

양푼에
계란프라이, 들기름, 깨소금 넣고
갓 지은 밥 넣어 쓱쓱 비비대니
천하 별맛 따로 없구나

국 후후 불어 마시며
비빔밥 꿀꺽 몇 번 만에
양푼에 비치는 두 얼굴
숟가락 부딪치며 멋쩍게 웃음 짓는다

아침 겸 점심 먹고
선하품 하다
들깨 타작 생각이 나
도리깨 들고 타작마당으로 나선다

모성애

통증이 점점 심하여
종합검사 받기로 했답니다

아들의 고통에 하루는 여삼추
애미 마음은 칠흑 바다에
불 꺼진 등댓불이 되었습니다

절절한 절규는 주님의 기도로
봇물이 터졌습니다

"네 믿음이 너를 구했다"

말씀이 훈풍으로 불어옵니다
섬광의 빛이 안식일에 머물고

"내게로 와서 쉬어라"

벼랑 끝 생각이 눈을 감게 합니다
말씀은 사악한 잡념을 제거하는 능력이 있습니다
주님 당신 뜻대로 하소서

백년 해로

말이 말 되어
눈동자 속에서
별똥별 떨어지고

끓어오르는 애증 속에도
연민은 부싯돌 되어

황혼길 함께 걷는다

봄소풍

햇살이 손 안으로 들어와
봄을 마중한다

동절의 아픔을 견딘
고목나무 가지 끝에선
잎눈이 피어나고

꽃망울 머금은 벚나무는
화사한 모습으로 하늘 향해 웃음 짓는다

뒤뚱거리며 봄을 잡아보려는
어린아이

잠자리 날개 같은 옷 입고
봄 소풍을 간다

부부 1

언젠가
텃밭 가장자리에서
네잎클로버 찾아
콧노래 부르던 내게
철딱서니 없다고 하던
그 사람

유유히 시간 흘러
백발 황혼에
가을 동화 같은 사랑 기대하는
그이에게
나는 철딱서니 없다고 했네

추억에 잠자는
희비애락

당신은 나의 힘
당신은 나의 믿음
그리움은 그리움끼리
삶을 노래한다

부부 2

백년가약 맺던 날
줄타기는 시작되었다

참을 인, 그리고 또

언젠가 그분 부르시면
가슴에 봉인된 한 자

봄눈 녹아 흐르는
맑은 물같이
눈물 녹여 흐르리

성묘

농군의 땀방울은
올해도 헛되지 않네

조상님 산소에 벌초하고
시원한 바람 모금모금 마신다

무덤가엔 햇살이 내려
포근히 위로하는데

사람 냄새 풀 내음으로
대신하는 불효

밀물처럼 싸한 감정
눈물방울 앞을 가린다

코로나 바이러스로
흉흉한 세상 이야기
조상님 전에 올리고

산길 내달려
친지에게 택배 봉송 꾸릴 때

농군의 땀방울은
올해도 헛되지 않았네

어머니

장맛 변하면
집안이 흉가 된다는
말씀 지고 사셨네

앙다문 입에
행주치마 동여매고
집안 대소사 치르시며
살얼음판 밟으시던 어머니
滿身이 고달팠던 어머니

항아리엔 사르륵사르륵
지지랑 물 피어나는 소리
헌신의 보답인 양
포갬포갬 앙금이 반짝반짝
세월 속에 가전 보옥 되니

화수분 씨 간장

어머니 혼불이네

오리 모자

개울가 오리 두 마리
물장구 정겹다

저녁노을에
엄마 오리
집에 가자며 꽥꽥

새끼 오리
물수제비 삼매경에
좀 더 놀다 가자며
꽥꽥

울 너머까지 들려오는
엄마 오리, 새끼 오리
멋진 화음

오해

마음 앓이 풀지 못해

하늘 향해 삿대질 내지를 때

하얀 김 풀려

앞을 가린다

응어리진 마음

여전히

빙판길에서

아슬하게 얼음 지치는데

번갯불 번쩍

구름 헤집고

나온

한 줌 햇살

비웃음에 찬 눈으로
바라본다

문뜩 떠오른
그이 생각
부끄러운 마음에
미안한 마음마저

몸 안의 邪氣는?

올 설

엄마
이곳엔 매화꽃이 피었어요
인증샷 올려요

설 귀성길 접고
이다음에 갈게요

아니 벌써
설이 코앞에 당도했네

아침엔 하얀 눈밭에
발자국, 꽃, 그리고
보고픈 너
커 가는 그리움에
사랑 기도 올렸다

변한 세상에
변치 않은 기억 펼쳐
설날 둥지 틀고

내년엔 둥지에 모여
웃음꽃 피우며
고유 명절 누리자

이사

이삿짐을 풀고
10층 아파트 베란다에서
왕숙천을 내려다본다

개울가엔 고니 한 마리
등 굽은 갈대 사이를 어정대다
몇 걸음 어설픈 날갯짓도 해보는데

노을 햇살 받으며
하늘 한 번 올려다본다

기도인가
탄식인가

때마침 오리 무리

물수제비뜨며 날아들어
제집인 양 강물을 휘졌는가 싶었은데
모여 모여 낭만을 노래한다

개발이라는 명목으로
허물어진 시골집
저녁노을에 갑자기 서러움 밀려온다

낯선
주방에 불이나 밝힐까

저녁상

둘이 사는 집
저녁상 식어 가는데

썰렁한 마음 데우려다
신혼 추억
쌈장에 버무려
식은 밥 한 쌈
목 넘겨볼까

물살에 떼를 쓰는 상추
물에서 빠져나온 고추
알 듯 모를 듯 웃음 짓는 그 사람

손놀림 입놀림 예행연습 하다
졸음이 꿈을 무는데

딩동댕

현관문 밀치며
하루 일 보답으로
상보 쓴 저녁상에 넘긴다

젊은 엄마

눈과 눈이 마주치니
비둘기 하늘 높이 날아오르고

숨과 숨이 이어지니
시냇물 큰 강물 이루네

하얗게 빛나는 미소
온종일 중천에 떠 있다

효성

겨우내 이고 있던
어둠 벗어내고
마침내 세상과 통했나보다

까만 씨 똘망똘망
옹알이하듯 깔리고

부대끼며 움틀
생명의 신비
아무도 모른다

두메부추
아지랑이에 졸면
흑진주 닮은 씨
초록 융단 펼쳐지겠지

제5부

풀꽃

겨울의 기약

오후의 햇살이
흙살을 어루만진다

스치던 바람
갈잎을 끌어안으니
몸 풀던 새싹이 기지개 켠다

시간은 아직도 더 달려야
봄을 맞이할 텐데
해님은
먹구름 속으로 빠진다

바람은
싸락눈 달고
겨울이 고맙다고

포옹한다

내일 뉴스는
기온 상승을 알린다

긴 장마

아침상 준비하려고
밭으로 향한다

예측을 벗어난
게릴라성 빗줄기

농부 손길에
고개 숙여 인사하던 초록 미소

시름 짙은 화답에
속마음까지 얼룩이 가득하다

사방팔방에서 들려오는 아픔의 소리
빗소리에 묻혀 지워진다

텃밭에 남아있는 것을
아침상 접시에 담고

옥수수를
한 끼 양식으로
한 알 한 알 뜯으며 원기를 보탠다

곧 진정될 날을 그리며
그분의 축원을 고대한다

농부

소낙비 지나간
산등성이에
안개비 자우룩하다

운무에 감긴 산의 등줄기
붓질하는 자연의 손놀림에
새로운 세상 펼쳐지면
그저 바라만 보아도 행복인데

꿈인 듯 꿈길을 걷다가
헐레벌떡 되돌아온 현실
시집보낼 채소 모종에
안달 난 農婦

여우비에 화들짝 놀라
모종삽 찾는다

농부는

뙤약볕에서
밭을 매는 이

머릿수건
물수건 두르고
간절하게 비는 두 손

콩 한 톨도 나누는
고운 심성

꽃향기 보다 짙은 땀 냄새
고귀한 성정

풍년을 바라는 마음
침묵 하는 그분께

절실한 기도 올리는 모습이
아름다워라

밭갈이

초록 누리 오월에
모란꽃은 지는데
벌 나비 기척 없고
햇살만이 깃을 치며 날아든다

져 버린 꽃 위로 한 줌 빛 내리면
새참 짓던 農婦
어룽어룽 소싯적 회억

헌 옷 줄게 새 옷 다오
부지런한 몸놀림
밭갈이 여념 없는 지아비

어둠살 갈아엎고
밝은 세상 펼쳐 놓으니
비로소 잠에서 깨어나는 행복

배추

하얀 자태
초록 머리 위로 이슬이 구른다

늦가을
가뭄에
이슬로 연명하는 고달픈 삶
눈물이 주르르

양지마을 배추밭에
물통 구르는 소리
넋두리 한 말
물과 함께 쏟아진다

응달마을엔
해님이 떠난 지 오래

곁 잎 헤집고
노란 속대 궁금증 키운다

밤 무서리
계절 흐름 잊어다오
모닥불 피워 주마

된서리 더디 온다는
소식 간절한데
하루가 또 그렇게 지나간다

봄나물

봄 햇살 나른한데
바람 한 자락
휘돌다 떨어지면

촌부의 능숙한 발걸음
논두렁 밭이랑을 누빈다

달래 쑥 씀바귀에 민들레까지
여기저기
봄이 주는 선물

앞서가는 배꼽시계
꼬르륵 태엽 풀리면
입안에 군침 가득

서둘러

주방에 들어가

조물조물 자연 놀이 삼매경

맛의 기적에 빠져드는

봄을 낚는 여인

시골 동네

가마솥골
4호선 기지창 공사로
인심이 흉흉하다

여름이면
초당 계곡 선녀탕으로
인파가 몰렸는데

버들치, 동자개, 송사리, 가재
동무들 만나
황홀한 춤사위로
반짝 비늘 흔들어 댔는데

하늘엔 사랑 별
땅엔 이야기 별
달님 별님 머리에 이고

이웃 간
도타운 정 나누며 살았는데

언제부턴가
멍든 들국 손에 들고
한숨 소리 절로 난다

인심이 흉흉해졌다

시월의 텃밭

진초록 잎사귀

바람에 나불거린다

간밤 무서리에

시들하다가도

아침 햇발에 생기 돋는다

하얀 종아리

빛살에 드러나면

설핏 수줍은 미소

크기도 모양도 다르지만

다양한 모습으로

함께 살아가는 세상

시월의 텃밭엔

주름진 농부의

환한 미소가 함께 한다

아침

안개비에 취한 새벽
촉촉이 젖은
숲속을 헤집다가
밝아오는 하늘 보고
마음 자락에 눈물 고인다

따사로운 햇볕과
상견례하고
싱그러운 숲의 세례식에
온갖 물상 대모 되고

흙바닥에 누운 풀잎
글썽이는 눈가를
훔쳐 주며
내일 오마 이별을 고한다

안식년

토지 변경 문제로
묵정밭 된 농토
시름이 깊다

흐려지던 하늘
후드득 빗줄기 거세지면
빗물은 서러운 흙살에 스며들고
남은 비는 맨발로 앞장선다

서슬 퍼런 잡초
밟고 뜯다
겹질린 발목
희묽은 웃음 흘리며
안식년에 들어간다

하늘에 계신 우리 님

내년의 풍년

말씀에 있다시네

유월의 가뭄

열기로
병을 앓는 대지
소낙비 한소끔 퍼부으면 좋겠다

개미 무리
수풀에서 우왕좌왕
더듬이 앞세워
땅굴을 판다

우람한 고목
햇빛 가려 그늘 만들고
밑동으로 생명 줄 연결한다

웃음 비비던 산야엔
용광로 끓듯

화염이 부글거린다

이 밤
기우제라도 지내야 하는지

촌부

장맛비가 곡예를 하는 동안
농작물은 물크러지고
남아있는 것마저 제 모습이 아니다

선반에 올려진 씨앗 병은
가슴에 꼬리표를 달고
새 주인을 기다리는데

뜯긴 잎새 위로
꽃망울이 파닥인다

마음도 허허한데
이웃과 나눔 잔치나 벌려볼까

빗줄기는 점점 더 굵어진다

추억

귀농의 꿈 너무 컸나
자름 자름 늘지 않는 신접살이

어쩌다
자연과 손을 잡았다

밤 깊도록 푸성귀 묶어
이른 아침
똬리 올린 머리에 이고
오일장을 향해 달려간다

좌판에 기대는 하루의 운명
살랑한 바람이
장마당 쓸어대며 파장을 알리면
전대 풀어 싸전으로 앞장선다

동구 밖까지 마중 나온 아이와

가슴 찐한 한바탕 포옹

저녁노을이 얼굴 붉히며 떠난 자리로

우리의 저녁은 시작된다

황혼의 길목에서

불 밝히는 사진첩

텃밭

밭에 나가 보니
새봄, 풀과 노닥이는데
땅에 엉킨 뿌리는
아직도 겨울인가

호미 놓고 괭이 들어
쌈 채 모종 서두르는데
마음은 벌써
사월 쌈 나눔에
친지 미소 환하게 떠오른다

봄 볕살 자연스레 맺은
이웃사촌
바람꽃마저 반겨 준다

바지에 묻은 흙 털며
아침 일찍 밭일 마친다

풀꽃

길가에 풀꽃 봉오리
바람이 살랑 불어오면
부끄러워 새초롬 미소 짓는다

모른 척 바람 지나가니
내일이면 만개 될 텐데
슬픈 미소

봄밤은 안개비 보고
꽃단장해주라 하고

풀꽃은 두근두근
부푼 꿈에 잠이 든다

하지 감자

뻐꾸기 울음
애틋한 사연 남기면
정감을 자아내는 감자꽃
탐스레 꽃망울 피워 올린다

김매기 손놀림 바쁜 시골 農婦
소싯적 굶주림을
감자꽃에서 찾은 듯
모질게 흔들어본다

잠자던 두더지
귀 열리고 눈 밝아지면
감자알은 어느새
주인 바뀌어
하짓날만 손꼽아 기다린다

제6부

초동 친구

갑장 친구

전화벨 소리 요란하여
수화기 들으니
혼자된 친구
갈까, 올래?

아침 바람은 산들거리고

커피 물 끓기 전에
출출한 시간
달달 간식으로 배를 채운다

대접에
커피 믹스 네 개
꿀 두 숟가락으로
휘휘 둘러 간 맞추면

울화병 넋두리 되어
구관조 한 마리 튕겨 나온다

대접 커피 비우고
씽긋 웃음 지으며
우리 이 맛에 살지

구관조 제 둥지 찾아 날아간다

개펄

긴 다리 비실 걸음
먹이 캐는 생존 부리

한 입에 꿀꺽

온몸에 전율이 일면
하늘 향해 감사 기도

한 생명은 가고
한 생명은 살아남고

밀려드는 바닷물
고니는 날아갔지만
가슴팍에 새겨진 아픈 자국
개펄은 몸을 숨긴다

너른 바다 큰물에

행복이 있다 했는데

개펄은 오늘도

슬픈 이별을 준비하고 있었다

거미

호시탐탐
부산스럽다

반짝이는 햇발에
바빠지는 몸놀림

복잡하게 얽힌 먹이사슬
나선실에 목맨다

온종일 물레질
세상을 線으로 연결한다

짓던 집 물고 사색하다
덮치는 본능의 삶

고향 마을

침묵 속에 발현된
그리운 추억

폐허가 된 집터에
떼 지어 피어난 민들레꽃

사면팔방으로
하늘이 베푼 인연 찾아 날아와
앞산 돌아
뒷마을로 자리를 바꾼다

말라 죽은 나무 껴안고
추억 찾아 울음 짓는 숫매미

메아리 산허리 넘다가

외로움이 젖어드는 눈 속에
슬픔이 가득하다

나이에서 오는 그리움인가
시도 때도 없이
가슴이 두근거린다

나그네

전신주에 앉은 철새를 보니
고향마을 눈밭에서 조잘대던
텃새가 그립다

먼 길 가다
세상 인정 한 줌 받아서 들고선
눈물 한 줄 쏟고
그리움 하나 표류하고

햇살 고운 돌담 모퉁이에
졸음 짓던 멍멍이
새 친구 맞아 흥겹게 춤을 추었지

세월은 흘러
지난 추억 아련한데

드문드문 피어나는 흙내는

아직도 발끝으로 날아와

동심을 자극한다

놀이터

시선에 잡힌
정오의 놀이터 풍경

아홉 살 여자 아이
은빛 머리 바람에 날리며
고무줄 위에서 폴짝폴짝
동요를 부른다

엄마가 섬 그늘에

추억이
봄바람에 슬그머니 고개를 내민다

나 어릴 적엔
고무줄놀이, 사방치기, 공기놀이, 술래잡기

시간 가는 줄 몰랐는데

온갖 구색 다 갖춘
요즘 놀이 기구는
늘 잠에 취해 비틀거린다

점심 먹자는
짝꿍 소리에

추억은 날아가고
놀이터가 화들짝 깨어난다

새해

섣달 그믐밤
일 년 지고 온
근심 걱정 내려놓는다

설날 아침
금가루 흩뿌리는 햇살에
화사한 설빔으로 단장하고

새해 복 지어라
새해 복 받아라
인사 나누며
두루주머니에 희망을 담는다

속풀이

찬란한 태양이
땡볕 한 줌 대지에 쏟는다

밝아진 마음 벅찬 감격
세상살이 귀가 열린다

몸과 그림자 한 몸으로
푸른 바다 머리에 이고
바깥나들이에 나섰다

선선한 바람 맞으며
가을과 벗되어 거닐다
설레는 마음 천방지축 한바탕 놀다 보니

사르르 풀리는 속

시인

시를 생각하다가
시구를 탐닉하다가
마음에 시상이 떠올랐다

허접한 글귀가
퇴고의 강에 부딪혀
허우적댄다

구겨진 종이가
단두대에 오르고
격한 마음 낚일 무렵

시상의 용틀임에
가슴에 시 밭 갈고
마음에 씨를 뿌린다

여파

아파트 담벼락 아래로
누나의 가게 문 열리고
바다 상품이 진열된다

담벼락 훑던 햇살
掌大 생선을 향해
종주먹 들이댄다

찬거리로 고민 앞서가는데
"마스크 콧등까지 올려야지"
손가락 흔들며 앙칼진 소리

콧잔등 누르다가
길옆 좌판에서 장바구니 채운다

먹구름에 오지랖 햇살 떠나고

코로나19 바이러스에 몰린 장사꾼의 푸념

한마디 말도 못하고 돌아서는 발길

인연 1

꽃밭에 앉으니
어린 새싹이 올라왔다

벅찬 기쁨에
꽃 이름 새겨본다

언 땅 밀고 나온 얼음꽃

샛노란 방글거림에
눈이 부시고
마음이 설렌다

꽃샘추위 밟으며
봄 마중이나 나가볼까

인연 2

코로나19 바이러스가
삶에 굴레를 씌우고
지혜의 숲을 가렸다

평온했던 세상은
불안과 불신이 난무하고
본능적 행동이 판을 친다

이성의 깊은 통찰은?
굳센 의지는?
입 닫은 허수아비 되었는가

금 간 비대면 민심은
평화로운 양심의 정의에
길들여졌던 시절을 그리워한다

지친 영혼 방황에서 벗어나

평화로운 양심이 살아있는 세상

살가운 시절 인연을 그리워진다

초동 친구

개울가 버드나무에
매달린 동심
그리운 얼굴이 웃음 짓는다

한 가지 꺾어
비비고 돌리고 잘근 씹어
긴 호흡 불어 넣으면
소리는 구름을 타고
하늘 높이 솟아올랐지

소리 線 하늘가에 닿으면
주린 배 꼬르륵
뱃속에 번지는 피리 소리

청보리 푸른 물결

눈에 밟히지만
잡을 수 없는
동화 나라 이야기
마음만 채워야지

술 거르던 이웃 할매
술지게미 나눔에
밥상머리
코 박고 꿈 타령하던
초동 친구

그리움이 말을 한다

· 작품 해설 ·

- 장애란 제2시집 《아직 살 만한 세상》에 부쳐

세월의 길목에 핀
서정의 미학

이호연 (시인, 문학박사)

    장애란의 제2시집 《아직 살 만한 세상》은 제목부터 눈길을 끈다. 세상을 바라보는 시인의 따스한 시선을 따라 '아직은 살 만한 세상'을 코로나19로 지친 독자들과 함께 거닐면서 따스한 위로를 받고 싶기 때문이다. 낯선 사람 앞에서 수줍어하는 아이처럼 자신을 드러내기에 아직은 쑥스럽다는 듯이 다가오는 그의 서정이 정겹다. 그의 첫 시집 《촌부의 야채 가게》에 놓인 푸성귀처럼 풋풋하여 입에 군침이 도는 듯하다. 이 가게에는 무엇이 준비되어 있으며, 어떻게 우리들의 마음을 흐뭇하게 해줄까? 시인인 주인장의 마음에 넘쳐나는 정겨움이 우리들의 발길을 붙잡고 있으니, 이번 제2시집에 거는 기대 또한 크다.

그는 자신의 70년 인생살이를 진솔하게 그려내어 우리에게 감동을 준다. 2020년 '출판과 문학' 신인상을 수상하면서 등단한 그는 '이야기가 있는 문학풍경' 회원으로 활동하면서 《촌부의 야채 가게》(해드림출판사, 2020)를 출간하였다. '촌부의 야채 가게'에 들러 정겨운 이야기를 나누고 돌아오는 길에 가슴 뿌듯하고 뭉클한 감동을 맛본 이들은 그의 제2시집 출간을 기다려왔으리라. 그의 농익은 삶에 대한 진지하고 솔직하면서도 고운 마음결이 우리들 가슴에도 와닿았기 때문이다.

그의 첫 시집《촌부의 야채 가게》해설(출판과 문학 주간 장석영)에서 인간의 가치를 중시하는 휴머니즘의 지향으로 소소한 일상에서 행복을 찾고, 자연 속에서 평화롭게 살아가는 사람들의 이야기를 화선지에 붓질하듯 섬세하게 표현하였다고 평한 것처럼 그는 사람 사는 이야기를 그림으로 보여주듯 마음 편안하게 들려주고 있다. 이 세상에서 인간이 할 수 있는 것은 정성과 사랑으로 기도하듯 살아가는 일임을 역설하고, 힘겹게 살아가는 누군가에게 위로가 되기를 바라면서 정성을 다하여 가족을 위해 밥상을 차리듯 서정의 밥상을 차려놓았다. 그의 '야채 가게'에 들러 그와 함께 오손도손 세상 사는 이야기를 나누어 보자.

장애란의 제2시집《아직 살 만한 세상》은 6부로 구성하였다. 제1부 '황혼 여정'은 자신의 인생 여정에 대한 성찰을 통하여 얻은 깨달음을 담고 있으며, 제2부 '가을의 하루'에서는 계절에 따라 변화하는 자연을 노래하고 있다. 제3부 '사랑의 꽃말'은 제주도 생활을 중심으로 일상적 삶을 이미지를 활용하여 형상화하고 있고, 제4부 '젊은 엄마'에서는 가족과 더불어 살아온 삶을 노래하면서 자신의 삶을 감사기도 드리듯 그려내고 있다. 제5부 '풀꽃'은 농부의 삶을 그렸고, 제6부 '초동 친구'에서는 친구, 그리고 이웃과 함께 살아가는 삶을 노래하여 정겨운 서정을 펼치고 있다.

제1부 '황혼 여정'에서 삶에 대한 성찰의 시를 만날 수 있다. '그리움', '기다림', '불면의 밤', '황혼 여정' 등의 제목에서 짐작할 수 있듯이 성찰을 통하여 얻은 삶에 대한 깨달음을 드러내고 있다. 그는 이러한 드러냄을 통하여 삶에 지친 사람들을 위로하면서 〈그리움〉에서 '해변 맑은 물에 살며시 손 담그니 잠자던 샛바람이 눈을 뜨며 웃는' 것이 그리움이라 읊고 있다. 그

눈길이 그의 온화한 미소처럼 정겹고, 그의 시어들이 몽돌처럼 둥글둥글하게 다가온다. 그래서 〈기다림〉에서는 '거센 물보라에 실신한 몽돌', '마음이 돌이 되어 밤이슬 맞으며 둥글어진 억겁의 세월에 인연은 열린 마음의 피안'이라고 설파하고 있다.

    자정이 넘으니
    불안은 불면을 안고
    춤을 추며 다가온다

                            -〈불면의 밤〉일부

  자신의 삶을 되돌아보면서 뒤척이다보니 '진실은 부서지고, 시간은 무게를 더하고, 어느새 날이 밝았다'고 노래한다. 불면이 춤을 추고 다가오면 그냥 포기해버리는 것이 아니라, 기꺼이 긍정하고 함께하면서 더 애틋하게 자신의 삶을 보살피게 된다. 그는 〈삶1〉에서 삶을 살아간다는 것은 꿈을 잃고 웃음도 멎은 '아카시아', 열매 떨군 '벚나무'와 같다고 하면서, '피고 지고, 가고 오는 자연'처럼 인생도 그러하리라 위로하고 감사 노래를 부른다.

상처와 고통

운명처럼 따라다녔지만

때로는 깨달음의 시간이기도 했지

― 〈삶2〉 일부

  자신의 삶이 '상처와 고통'의 연속이었지만, 그래도 '때로는 깨달음'을 얻어 살아올 수 있었음에 감사한다. 우리들 삶이 고통 아닌 게 어디 있겠는가? 그렇다고 그 고통에 억눌려 주저앉아 있을 수만은 없지 않은가? 그 고통을 품에 안고 희망을 갖고서 다시 살아야 한다. '옹이 박힌 가슴에 삶의 동력이 희망으로 뭉쳐지고 있었다'는 역설적인 인식이야말로 그에게 이 세상을 살아가는 힘이 되었다. 그래서 세상은 아직 살만하다고 한다.

아침 산책하러 나가기 위해

엘리베이터를 탔다

초등학교 여자아이

엄마 손 놓고 배꼽 인사를 한다

엘리베이터 안은

웃음꽃이 활짝 피었다

동네 한 바퀴 돌아
비좁은 길로 들어섰다
중학생 예닐곱 명
안녕하세요
조심하세요
저음의 가슴 데우는 고마움

아! 사람이 꽃보다 아름다워
가슴엔 해가 중천
저 멀리 종탑 위의 십자가
성당을 향해 걷는 종종걸음

- 〈아직 살 만한 세상〉 전문

 엘리베이터에서 만나는 이웃끼리 인사하기조차 어색한 코로나 세태에 '엄마 손 놓고 배꼽인사'하는 아이, 길거리에서 인사하는 중학생 예닐곱 명이 인상적이다. 그리고 그 아이들의 인사에 '고마움'을 표시할 수 있는 마음 또한 열심히, 열정적으로 인생을 살아온 연륜의 여유가 아닐까? 감사하는 마음이 지극하니 사람이 꽃보다 아름다울 수 있는 것이리라. 역시 이러한 사람들이 있어서 '아직 살 만한 세상'이다. 그래서 〈월동 대비〉에서 '인생살이 밭을 갈고, 가슴앓이 몇 번 만에 인생 후반이라'는 아쉬움이 크다. 〈장날〉에서는 겨울을 몰고 오는 가을비를 바라보며 '어린 시절 비 맞고 화롯가에 앉아 재잘대던 자매를 생각하면서, 지나온 길은 아득하지만 남아 있는 길이 행복으로 가득하기를 기대한다. 그 마음이 지극한 정성으로 이어져 봄마중 나가는 인연으로 가슴 벅차다. 5일장에서 산나물을 팔고 있는 할머니의 작은 바구니에서 '시골집 향수가 꿀범벅'이 되어 밀려와 '가슴 한 아름 안겨 오는 찡한 인생 이야기'를 듣고, 〈진보의 세월에〉는 노인정에서 '75세 청춘'으로 '새댁이 된 기분'을 만끽하기도 한다.

제2부 '가을의 하루'에서는 계절에 따라 변화하는 자연을 노래한다. 봄, 여름, 가을, 겨울을 한결같은 정성으로 자연과 더불어 살아가는 시인의 오롯한 서정이 돋보인다. 〈봄〉에서 '삭신은 바람에 울고, 마음은 추억에 울고'처럼 유사한 통사구조로 운율을 형성하고 '입춘 즈음' '칼바람'이 옷깃을 파고들어도

'따뜻한 양지 녘'을 찾아 '가슴을 데우는' 삶을 형상화하여 자연에 순응하는 모습을 그려내고 있다. 그는 '봄이 놀라 대지의 화폭에 연둣빛 물감칠하면' '상큼하고 발랄한 소녀'가 된다고 하면서, 개울에 조약돌을 던지고 그 물결을 바라보며 〈봄 노래〉를 부른다.

  활짝 문을 연 오월

  봄비는 밤새
  떡갈나무를 적시고
  아기 발바닥 잎사귀에
  농번기 종을 달았다

  봄비 소리에
  먼 산 너머 종지기
  화들짝 깨어나 종을 친다
  뻐꾹~ 뻐꾹~

  부푼 초록 꿈 달고

대지는 싱그런 오월에

봄비에 반가운 인사 잇는다

- 〈봄비1〉 전문

뻐꾸기 소리를 듣고서 산 너머 종지기가 종을 친다는 시적 발상이 기발하다. 싱그러운 5월을 한 폭의 풍경화처럼 그려내면서 반가운 인사를 나누는 모습이 정겹다. 봄비가 떡갈나무 잎사귀에 농번기 종을 달고, 봄비 소리에 종지기가 화들짝 깨어나 종을 치는 풍경을 바라보는 시인의 눈길이 한없이 따스하다. 봄의 인사를 받는 화자의 마음이 봄비처럼 다가온다. 그리하여 그는 〈삼월〉에서 '껍질에 갇힌 생명'을 본다. 그리고 '태초의 뜻에 따라' 살아가고자 한다. 그 뜻은 겨울이 아무리 발버둥을 쳐도 봄을 앗아갈 수 없다는 진리 앞에 자신의 삶 또한 그러리라는 자기 위안이리라. '아직도 빈 가지엔 섧게 우는 소리' 남아 있지만, '삼월은 순풍에 돛을 달고' 올 것을 믿기 때문이다.

한편 〈경칩〉에서는 '꽃등이 지천인 세상'을 어쩔 거냐며, 겨울을 지나 잘 살아왔다고 스스로 위로하면서, '환장하겠다'며 복짓는 자연을 노래한다. 자연이 복을 짓는다는 표현에서 그가 자연을 바라보는 시선이 참 인상적이다.

〈삼복〉에서는 삼복 더위에도 감사하는 마음이 '오체투지 순례기도'로 드러난다. '풍요로운 결실'을 감사하는 마음이 그의 삶에서 중심이 되는 기도로 이어지는 것이다. 역시 그러한 서정은 〈초복〉에서도 드러난다. 아버지를 생각하니, 한 시절의 풍경이 떠오른다. '아버지 지고 온 쑥 다발을 마당 가운데 세워놓고' 쑥불을 지피던 일이다. 말하지 않아도 '사랑이 숨결 따라 터져 나오고 초복은 어느새 저만치 달아나던' 그 시절, 쑥불을 피워 모기를 쫓던 그 풍경이 그립다. 자연과 함께하면서 가족들이 더위를 이겨내는 모습이 자못 흥미롭다.

〈결실〉에서는 창밖의 밤나무가 계절 앓이로 고통의 긴 시간 지새우다가 가슴에 옹이가 생겼단다. 그러나 그 상처로 얼룩진 가슴앓이가 '밤이 익으면, 벼가 익으면' '고단한 농부의 삶'에 '한숨 열말'이 신음으로 버겁지만, 그래도 붉게 물드는 저녁 하늘을 보면서 웃음 지으며, 농부들의 가슴앓이를 '슬픈 행복'이라고 역설적으로 위로하고 있다. 가을 햇볕을 '따스한 눈빛'의 '노모'로 비유한 〈가을의 하루〉에서는 저녁 식사 준비로 분주한 늦가을 저녁을 노래하여 '들녘 가을걷이로 통장작 같은 몸이 된 늙은 아낙'을 위로하고 있다.

〈겨울〉에서는 '야속하게 깊어가는 겨울'을 노래한다. 누구나

봄이면 새로운 계획을 세우고, 이러저러한 일들을 꾸려 희망에 부풀지만, 한 해를 마무리하는 시점에서는 후회가 쌓여가는 것이 인생사가 아니던가. '서릿발 친 흙살에 동태 된 파'처럼 쓸쓸함으로 온몸이 굳어가는 시절이지만, 그래도 또 내년에 대한 기대와 호기심으로 우리는 살아가는 것이 아닐까.

제3부 '사랑의 꽃말'은 제주에서 몇 달을 배우자와 함께 살면서 얻은 시정을 정겹게 다듬어 내었다. 자연에 대한 애틋한 서정을 추억과 함께 그려낸 시심을 따라가다 보니, 그대로 그리움의 향연이다. 그는 〈꿈꾸던 제주 바다〉에서 '튀어 오르는 물방울 따라' '이끼 긴 걱정'을 던져버린다. 섭지코지에서 '긴 세월 푸른 인연'을 '애모의 노래'로 흥얼거린다. 그리하여 〈너와 나〉에서는 '긴 세월 외로움은 이끼 많은 검버섯 키우고' 파도는 '고향 찾은 옛 동무 맞이하듯' 석양 노을의 낭만을 노래한다.

〈단풍〉에서 '무서리에 신열을 앓더니', '늦깎이 정열에' 산야가 불붙는다고 한다. '황금빛 은행잎은 석양에 노을이 되고, 바람 한소끔 끓어오르면 오색 먼 길 미소 지으며 자연으로 돌아간다'며 단풍을 그려낸다. 그는 〈몽돌〉에서 '인연'을 '밤이슬 맞으며 억천만겁 쌓은' 것으로 표현한다. 그처럼 인연이 쌓였기에 시인의 몸 안에 삶이 아로새겨진 몽돌이 있다.

또한 〈봉선화〉에서는 그의 발걸음 역시 흥미롭다. 장독대에 오르다 봉선화 씨방을 건드렸는데, 봉선화가 '톡 터지며' '꿈을 보았네. 세상을 보았네'라고 한 마디 던진다는 의인화는 생동감과 함께 재미를 더하고 있다. 그러다 보니 '촌 아낙의 가슴에 장작불이 타오르고, 초가을 쓸쓸한 저녁'에도 꽃씨 한 알에 취기가 오른다. 소녀의 수줍음이 그대로 스며 있는 정갈함에 숙연해진다. 그 가슴에 취기가 오르는 것은 설레는 소녀 가슴의 형상화로 그 느낌이 생생하다. '아지랑이처럼 피었다 사라지는 백치미'가 애처로워 '밤이슬 맞으며 불면으로 고백'했던 '사랑의 꽃말'이 들려온다.

성산읍 온평리 모래밭에
조가비가 보석처럼
나그네 마음을 훔치네요

허리 굽혀 조가비 줍다
눈길 돌리니 눈으로 들어온
성산 일출봉의 황홀한 풍광에

가슴이 활화산처럼 타오르고

자연의 경이로운 신비에
겸허해진 고요한 마음
평화가 깃드네요

- 〈여행지〉 전문

  자연을 대하는 그의 마음이 보석처럼 빛나는 조가비로 형상화된다. 조가비에게 마음을 빼앗겨 조가비와 하나가 된다. 그리하여 활화산처럼 타오르는 가슴으로 경이로운 자연의 신비 앞에 겸허해진다. 그 마음이 정으로 넘쳐나기에 '평화'를 맛볼 수 있다. 〈성산 바다〉는 어부들이 '설움과 원망은 바다 끝에 두고' 와서 '해탈의 웃음으로 다시 태어나는' 곳으로 '오늘도 온몸 추스르는 등대'로 그려진다. 그리하여 '성산포 앞 바다'에 해가 지면 '묵은 시름 사라지고 달빛만 고요히 숨을 쉰다'고 노래한다.

비움과 채움의
정화된 풍경 속에서

내 마음은 어느새

푸르른 숲을 닮아가고 있다

- 〈올여름〉 일부

  윤습한 바람에 감정도 따라 젖고, 신비로운 수묵화의 산허리 감는 운무를 바라보며 허허로운 마음이 자연 앞에서 허세를 벗는다. 마음을 비우니 자신의 삶이 원초적 행복으로 오히려 충만하다. 그리하여 화자는 '푸르른 숲을 닮아' 자연과 하나가 되고 있다. 물아일체의 경지에 도달한 시인의 서정적 미학이 돋보인다.

  〈장마〉에서는 '우리의 잘못을 거듭 회개하고 내일을 바르게 살기 위해 하느님께 평화'를 구한다. 삼복더위에도 빗줄기가 손님처럼 찾아와 '반갑고 고마워서 온몸으로 환영'하였는데, 장마가 '기상 관측 이후 최장기간이라는 뉴스 예보에 아연'하면서도 '인간의 힘만으로는 결코 극복할 수 없는 하늘의 과제'임을 깨닫고, 이를 기꺼이 받아들이는 그의 신심 또한 그의 시정처럼 그윽함을 본다. 비가 적절한 때에 적절하게 내리면 얼마나 좋겠는가마는, 장마에는 홍수와 무더위로, 가뭄에는 쩍쩍 갈라지는 논밭을 보면서 가슴이 타들어가고 불볕더위로 열대야까지 겹치는 곤란을 겪는다. 하지만 자연은 인간이 마음대로 할 수 없는 신의 영역이기에 신앙으로 이를 극복하고자 기도를 드리는 것이다.

제4부 '젊은 엄마'는 지난날을 회상하면서 가족과 더불어 살아온 삶에 대한 감사 기도로 채워져 있다. 가족이 한 자리에 앉아 식사하기도 힘든 세상에 '식구'라는 의미까지 희미해져 가는 상황을 '젊은 엄마'는 잘 헤쳐 나간다. 든든한 믿음이 있기 때문이다.

    감사 기도로
    하루의 빗장을 열었다

    허기진 생활고
    진땀 흘리며
    하늘 보고 웃는다

    석양이 깔리는
    묵정밭 같았던 하루

그래도

몸 비비는 가족 사랑에

온기는 삶의 기적을 헤아린다

- 〈기적〉 전문

  그렇다. 삶은 기적의 연속이다. 그러나 그 기적은 우연히 주어지는 게 아니다. 하루를 시작하면서 '감사 기도'로 열어가는 그의 믿음이 '살 만한 세상'을 만들어가는 씨앗이 되고 있다. '허기진 생활고'에 힘겹게 살아가면서도 '하늘'을 보고 웃는 그의 모습에서 경건한 삶의 자세를 읽게 된다. 그러한 자세로 살아가기에 '그래도 몸 비비는 가족 사랑'으로 '삶의 기적'을 헤아릴 수 있는 것이다.

  물론 그 많은 세월을 살아오면서 어찌 회한이 없겠는가마는 그는 〈백년 해로〉에서 '끓어오르는 애증 속에도 연민은 부싯돌 되어 황혼길 함께 걷는다'고 노래한다. 연민을 부싯돌로 삼는 마음이 이제까지의 시련을 이겨낸 저력이라 생각하니 숙연해진다. 삶에 대한 그 긍정적인 태도와 표현이 절묘하다. 부부를 노래한 연작시에서는 부부가 주고받는 말이 마음을 훈훈하게 한다. 그러나 그 따뜻함이 그저 웃어넘길 수 없는 여운을 주는 것은 무엇 때문일까?

    언젠가
    텃밭 가장자리에서
    네잎클러버 찾아
    콧노래 부르던 내게
    철딱서니 없다고 하던
    그 사람

    유유히 시간 흘러
    백발 황혼에
    가을 동화 같은 사랑 기대하는
    그이에게
    나는 철딱서니 없다고 했네

- 〈부부1〉 일부

희비애락이 추억 속에 떠오르고, 그 추억은 '당신은 나의 힘, 당신은 나의 믿음'이 된다. 생각해 보니 '네잎클로버'에 얽힌 추억이 그립다. 배우자의 '콧노래' 소리가 들리는 듯하다. 비록 '철딱서니 없다'는 편잔을 듣기도 했지만 시간은 유유히 흘러 '백발 황혼에 가을 동화 같은 사랑'을 기대하는 그이에게 화자 또한 '철딱서니 없다'고 하면서 즐거워한다. 아름다운 한편의 동화 같다. 희비애락 다 겪고 나니 이와 같은 경지에 도달한 것인가? '그리움은 그리움끼리 삶을 노래'할 수 있을까? 〈부부2〉에서는 '백년가약 맺던 날 줄타기는 시작'되었는데, '참을 인'을 그리고 또 그리다가 '언젠가 그분 부르시면 가슴에 봉인된' 그 '참을 인' 한 글자에 '봄눈 녹아 흐르는 맑은 물같이 눈물 녹여 흐르리'라고 속마음을 털어놓기도 한다.

〈모성애〉에서는 '아들의 고통'을 대하는 어머니의 마음을 하루가 여삼추 같다고 하면서 '칠흑 바다에 불 꺼진 등댓불'로 담담하게 묘사한다. 그러나 마음속 기도는 '절절한 절규'다. 기도의 '봇물이 터졌다'는 표현으로 아픈 자식을 바라보는 어머니의 마음을 그려낸다. 그 기도의 응답으로 '말씀이 훈풍으로' 불어온다.

〈성묘〉에서 '코로나 바이러스로 흉흉한' 상황에서도 '산길 내달려 친지에게 택배 봉송 꾸리'면서 '농군의 땀방울'이 '헛되지 않았음'을 담아내는 그의 시정이 참 따뜻하다. '장맛 변하면 집안이 흉가 된다는 말씀'을 지고 사셨던 어머니를 그린 〈어머니〉에서는 어머니에 대한 그리움이 애틋하다. '살얼음판' 같은 삶을 고달프게 사셨던 어머니에 대한 마음이 '세월 속에 가전 보옥'이 되어 '화수분 씨간장', '어머니 혼불'로 빛난다. 〈노부부〉의 식탁 풍경은 참으로 정겹게 그려진다. '용달 마친 그이'에게 밥을 지어 드리면서도 '국 후후 불어 마시며', 배우자의 얼굴에 떠오르는 '웃음'을 놓치지 않는다. 힘들어도 웃을 수 있는 그 마음이 넉넉하다. 이와 같이 그의 가족 사랑이 신앙을 바탕으로 하고 있어서 더욱 든든하고, 이웃으로까지 확대되는 그의 사랑이 그만큼 깊고 따뜻하고 애틋하다.

제5부 '풀꽃'은 자연에 순응하며 살아가는 농부의 삶을 그려낸다. 농사철에 비가 오지 않으면 가뭄으로 논이 쩍쩍 갈라져 가는 모습을 보며 애간장이 다 녹아내리고, 또 비가 너무 많이 와서 홍수가 나면 수마가 할퀴고 간 자국마다 농부들의 피눈물이 고인다. 그러나 자연을 원망하지 않고 순응하면서 살아온 자신의 삶을 통해 자부심과 긍지를 잃지 않고 살아가는 농부들의 모습을 그려내고 있다.

〈긴 장마〉는 텃밭에서 수확할 농작물이 장마로 인하여 제대로 성장하지 못하는 상황을 그린 작품이다. '예측을 벗어난 게릴라성 빗줄기'에 '시름 짙은' 농부의 마음이 애처롭다. 농사철에 적절하게 비가 내려주길 바라면서 밭으로 향하는 그의 마음이 오롯하다.

    소낙비 지나간
    산등성이에
    안개비 자우룩하다

    운무에 감긴 산의 등줄기
    붓질하는 자연의 손놀림에
    새로운 세상 펼쳐지면
    그저 바라만 보아도 행복인데

    꿈인 듯 꿈길을 걷다가
    헐레벌떡 되돌아온 현실
    시집보낼 채소 모종에
    안달 난 *農婦*

여우비에 화들짝 놀라

모종삽 찾는다

- 〈농부〉 전문

  자연 속에서 자연에 순응하며 더불어 살아가는 농부의 삶을 현장감 있게 그려낸 작품이다. '여우비에 화들짝 놀라 모종삽을 찾는' 농부의 모습을 형상화하고 있다. '그저 바라만 보아도 행복'하다는 시인의 정감이 오롯하고, 농사를 지으며 살아가는 화자의 삶이 '시집보낼 채소 모종에 안달 난 아낙'으로 드러난다. 풍년을 기원하는 농부의 마음을 〈농부는〉에서는 '콩 한 톨도 나누는 고운 심성', '꽃향기보다 짙은 땀 냄새'로 비유하면서 '절실한 기도 올리는 모습'으로 형상화한다.

  〈밭갈이〉에서는 '새참 짓던 아낙 어룽어룽 소싯적' 추억을 떠올리면서 '밭갈이 여념 없는 지아비 어둠살 갈아엎고 밝은 세상 펼쳐 놓으니' 비로소 행복이 잠에서 깨어난다고 노래한다. 〈촌부〉에서는 장맛비가 그치지 않는 동안에도 '이웃과 나눔 잔치'를 생각하는 화자의 마음이 한없이 넉넉하다. 농부로서의 삶에 자부심을 갖고, 스스로 살아가는 삶에 긍정적이고 따뜻한 마음으로 다가서는 눈길이 차분하면서도 정겹다. 특히

부부가 함께하면서 서로를 위로하고 쓰다듬는 정경은 청자에게 아늑한 정감으로 다가온다.

>서둘러
>주방에 들어가
>조물조물 자연 놀이 삼매경
>맛의 기적에 빠져드는
>봄을 낚는 여인
>
>- 〈봄나물〉 일부

봄 햇살 나른할 때, 촌부의 능숙한 발걸음이 논두렁 밭이랑을 누빈다. 자연은 달래, 쑥, 씀바귀에 민들레까지 여기저기 선물을 마련하였다. 서둘러 봄이 주는 선물을 요리하는 화자의 모습에 신이 난다. 〈시골 동네〉에서 그는 '하늘엔 사랑 별, 땅엔 이야기 별'을 바라보며 '이웃 간 도타운 정 나누며 살았'던 시절을 그리워한다. 그 시절을 추억하는 화자의 가슴을 '멍든 들국'이 아프게 하기도 하지만, '버들치 동자개 송사리 가재, 동무들 만나 황홀한 춤사위로' 함께했던 생각으로 아픈 마음을 위로하고 달래어 본다.

〈시월의 텃밭〉은 농부의 환한 미소가 함께할 세상, '크기도 모양도 다르지만 다양한 모습으로 함께 살아가는 세상'의 노래이다. 〈추억〉에서 화자는 '황혼의 길목에서 불 밝히는 사진첩'에 5일장에서 돌아오던 길을 떠올린다. '동구 밖까지 마중 나온 아이와 가슴 찐한 한바탕 포옹'으로 정겹고 생동감이 넘친다. '저녁노을이 얼굴 붉히며 떠난 자리'에서 '우리의 저녁은 시작된다'는 긍정적인 자세가 고단한 삶을 이겨낼 수 있었던 원동력이 아니었을까?

  그는 참 부지런하다. 농부의 삶에 근면은 자연과 더불어 살아가면서 터득한 지혜이리라. 〈텃밭〉에서 '봄 볕살 자연스레 맺은 이웃사촌 바람꽃마저' 반겨 든다고 한다. 바지에 묻은 흙을 털며 아침 일찍 밭일을 하면서 '봄 볕살'을 이웃사촌으로 맺은 부지런한 농부의 삶이다.

  제6부 '초동 친구'에서는 친구들과 이웃들에 대한 그리움이 새로운 삶에 대한 동력이 되고 있다. 세상 살아가면서 친구, 특히 함께 땔나무를 하고 꼴을 베고, 물장구치며 놀았던 초동 친구는 더욱 정답고 알뜰한 친구이다. 그러니 나이가 들수록 더 찾게 되고, 더 그리운 사람들일 것이다. 또한 함께 살았던 이

웃, 또 지금 함께 살고 이웃은 더더욱 소중한 사람들이 아니겠는가. 그는 이러한 사람들에 대한 살뜰한 정을 시로 표현하고 있다.

〈갑장 친구〉에서는 '전화벨 소리 요란하여 수화기 들으니 혼자된 친구'가 짧으면서도 시적인 말을 건넨다. '갈까, 올래'라는 이 말속에 함축하고 있는 수많은 이야기들이 우리들 삶을 더욱 풍요롭게 하는 것은 아닐까? '대접 커피 비우고 씽긋 웃음 지으며' 이 맛에 살아간다는 그 마음이 우리들 삶을 더욱 넉넉하게 해 주고 있다. '울화병 넋두리'에도 그의 이러한 마음이 우리들에게 세상을 더욱 잘 살아가게 하는 힘이 되리라고 믿는다.

〈고향 마을〉에서 그는 '그리운 추억'을 노래하면서 '나이에서 오는 그리움'으로 '시도 때도 없이 가슴이 두근거린다'고 한다. 그 두근거리는 마음으로 놀이터를 바라본다. 〈놀이터〉에서는 '고무줄 위에서 폴짝폴짝' 뛰면서 동요를 부르는 아이를 보고, '엄마가 섬 그늘에'라는 구절을 상기하여 그 노래에 서린 추억을 불러온다. 시간 가는 줄 모르고 놀았던 어릴 적의 '고무줄놀이 사방치기 공기놀이 술래잡기'가 영상처럼 펼쳐지고, '추억이 봄바람에 슬그머니 고개를 내민다'는 표현이 포근하게 느껴진다.

〈새해〉에서 그의 마음은 언제나 이웃을 위해 열려 있다. 복 지어라, 복 받으라 인사 나누며 '두루주머니'에 희망을 담는 것처럼 모두가 근심 걱정 내려놓고 함께 나눌 수 있기를 기원한다. 그러면서 〈속풀이〉에서는 '선선한 바람 맞으며 가을과 거닐고, 설레는 마음 천방지축 한바탕 놀다 보니' 속이 풀린다고 한다. 그의 몸과 마음이 얼마나 자연과 함께하고 있는가를 살필 수 있다.

시를 생각하다가
시구를 탐닉하다가
마음에 시상이 떠올랐다

허접한 글귀가
퇴고의 강에 부딪혀
허우적댄다

구겨진 종이가
단두대에 오르고
격한 마음 낚일 무렵

시상의 용틀임에

가슴에 시 밭 갈고

마음에 씨를 뿌린다

- 〈시인〉 전문

그가 시상을 떠올리기 위해 용틀임하듯 몸부림치는 모습을 통해 그의 시에 대한 열정을 알 수 있다. '허접한 글귀가 퇴고의 강에 부딪혀 허우적댄다'는 표현은 그가 시어 하나를 건져 올리기 위해 얼마나 노력하는지를 보여준다. 농사짓듯 마음밭을 갈고, 그 밭에 씨를 뿌리고, 가꾸어가는 그의 시심이 잘 드러나 있다. 세상 무엇 하나 허투루 만들어지지 않는다는 진리를 그의 시에서 읽을 수 있다. 세상에 대해서도 정성을 다하여 관심을 기울이고, 실마리를 찾아 온갖 뒤엉킨 매듭을 풀어나가고자 한다. 〈인연2〉는 그러한 마음이 반영된 작품이다. 감염병의 세계적 대유행으로 인한 '불안과 불신'에 관심을 갖고서 우리들은 어떻게 그 문제에 접근해야 할 것인가를 고민한다. '코로나19 바이러스가 삶에 굴레를 씌우고 지혜의 숲을 가렸다'는 현실에 대한 판단은 '평온했던 세상'이 어떻게 변했는가를 보여준다. 이러한 상황에서도 그는 '살가운 시절의 인연'을 찾고, '평화로운 양심이 살아있는 세상'을 그리워하고 있다. 〈초동 친구〉에서는 '그리운 얼굴이 웃음'을 짓고, '청보리 푸른 물결'과 '동화 나라 이야기'로 마음을 채우면, '그리움이 말을 한다'고 한다.

그의 시에서는 고향을 그리는 마음이 절절하게 느껴진다. 특히 〈향수〉에서 '꿈 날개 달고 객지에 일상 꾸리니 희미한 불빛 속에 잠자던 가로등 그리움에 찬바람이 서럽다'며 고향에 대한 정을 노래한다. 이처럼 그의 시에 흐르는 서정은 그리움이다. 이웃과 더불어 자연에서 함께 살아가고자 하는 마음이 맛깔스럽게 차려진 밥상처럼 넉넉하면서도 정겹다.

촌부의 야채 가게 같은 서정의 밭에서 함께 거닐다 보니 어느덧 마음은 그리움에 가득한 들판을 지나고 있다. 그는 밑동만 남은 그루터기에 잠시 쉬어가는 누군가에게 위로가 되는 시, 한 사람이라도 공감하고 감사할 시를 출산하고 싶다고 했다. 그의 말처럼 밑동만 남은 그루터기 같은 자신의 삶을 통해 누군가에게 위안을 주고자 하는 시인의 서정이 시편 하나하나에 그득히 담겨 있음을 보았다. 아직은 살 만한 세상을 바라보는 따스한 눈길로 넉넉하고, 아늑하고, 아름다운 서정의 미학을 정립하고 있다.

그에게 세월의 길목은 한 여인의 삶에서 시인의 삶으로 변화하는 또 다른 출발을 의미한다. 여태까지 그러했듯 시인으로서의 삶 또한 정성을 다할 것이다. 그래서 인생 이야기를 '촌부의 야채 가게'에 상품으로 내놓듯 시집으로 엮어낸 그의 오롯한 정성에 감동한다. 돌아오는 5일장에는 또 어떤 '농작물'을 내놓을지 벌써부터 궁금하다. 살 만한 세상을 위한 그의 정겨운 노래를 계속해서 들을 수 있기를 기대한다. 지극한 정성으로 바라보는 살 만한 세상의 시적 형상화, 살 만한 세상을 위한 연가는 세월의 길목에서 그가 피워낸 서정의 미학이다.